Un mercredi bien occupé

À la belle complicité de Joann
et sa maman Karine,
pour tous les mercredis passés
et ceux qui viendront !
M.

www.flammarion-jeunesse.fr

Couleurs : Emmanuel Ristord et Sarah Murat

Éditions Flammarion – 87, quai Panhard-et-Levassor – 75647 Paris Cedex 13
ISBN : 9782080236128 – N° d'édition : L.01EJEN001875.N001
Dépôt légal : avril 2021
Imprimé en Espagne par Liberdúplex – mars 2021
Loi n° 49-956 du 16 juillet 1949 sur les publications destinées à la jeunesse

Un mercredi bien occupé

Texte de
Magdalena

Illustrations
d'**Emmanuel Ristord**

CASTOR POCHE

Lukas
Hanoa
Elias
Jimmy
Maxence
Timéo
Himiko
Nabila
Basil
Marie
Suzy
Anaé
Lucie
Malo
Johanna
Noémie
Notre classe de CE2

Après l'histoire, tu trouveras des jeux et des activités page 50 !

Ce lundi matin, Kimiko avance dans la cour de l'école en fouillant dans son sac. Elle ne voit pas Noémie qui court après le ballon et arrive droit sur elle. Prise dans son élan, Noémie n'a pas le temps d'éviter Kimiko et la bouscule au passage.
Elle s'excuse :
« Désolée, désolée ! »

Dans la collision, Kimiko a fait tomber son sac. Ses affaires se sont éparpillées au sol.
Furieuse, elle s'écrie :
« Tu es une folle dangereuse !
Tu pourrais t'arrêter et m'aider à tout ramasser. »

« C'est la première fois que je te vois en pétard après quelqu'un ! » s'exclame Johanna en aidant Kimiko à rassembler ses cahiers et ses feuilles de partitions.

Quand Johanna relève la tête, elle constate que son amie a les larmes aux yeux. « Hé, faut pas te mettre dans cet état, la console-t-elle. Tu connais Noémie, elle n'a pas fait exprès. Quand elle joue au ballon, plus rien n'existe autour d'elle ! », ajoute-t-elle en voulant enlacer sa camarade.

Mais Kimiko la repousse. « Laisse-moi, ça n'a rien à voir », marmonne-t-elle avec des sanglots dans la voix.

Vexée, Johanna s'éloigne sans chercher à en savoir plus.

Dans le couloir qui mène à la classe des CE2, Noémie vient tapoter l'épaule de Kimiko.
« Pardon, lui dit-elle, je ne t'ai pas fait mal ? »
Kimiko ne répond pas et évite son regard.
« Je sais, je suis une brute quand j'ai un ballon. Mais ça va, on dirait que t'es encore entière », ajoute Noémie pour faire sourire son amie.
Voyant que Kimiko ne réagit toujours pas, elle reprend :
« En même temps, t'étais en plein milieu, et tu ne regardais pas où tu allais. »
Cette remarque fait tressaillir Kimiko qui, excédée, hausse les épaules et tourne les talons.

Noémie regarde Johanna sans comprendre.
« Elle a quoi, la princesse ?
– Aucune idée, répond Johanna.
Je ne la reconnais pas ce matin.
D'habitude, elle est toujours calme et joyeuse.
J'espère que ce n'est rien de grave », ajoute-t-elle un peu inquiète.

Toute la matinée, Kimiko a la tête ailleurs.
À la récréation, elle va s'isoler dans un coin de la cour.
« Qu'est-ce qu'elle fait ?
demande Marie à ses amies.
– Elle a l'air de lire un papier à voix haute, on voit ses lèvres bouger, remarque Noémie.
– Zut, j'ai oublié un contrôle de poésie ?
s'affole Marie.
– Mais non, t'inquiète ! répond Johanna.
Venez, on va la voir. »

En approchant, les filles s'aperçoivent que Kimiko a les sourcils froncés et le front plissé.
Elle fredonne des notes de musique à voix basse.
« C'est joli, c'est quoi ? demandent en chœur ses copines.
– Mon examen de violon, je révise les notes ! »
répond Kimiko.
Et contre toute attente, elle fond en larmes.

Marie, Noémie et Johanna se regardent, inquiètes.
Décidément, elles ne comprennent pas
ce qui arrive à leur amie.
Pourquoi semble-t-elle aussi triste et fatiguée ?
Sans prononcer un mot,
elles entourent Kimiko pour la consoler.

Une fois calmée, Kimiko explique en reniflant :
« J'ai une audition de violon mercredi prochain,
et je ne suis pas prête. Avec mes cours de dessin,
mes entraînements de gym et l'école,
je n'ai pas le temps de répéter mon instrument.
Si je rate cet examen, c'est fichu,
je ne passerai pas au niveau supérieur.
Mes parents seront très déçus, et moi aussi. »

Marie, Johanna et Noémie sont étonnées par ce qu'elles viennent d'entendre.
« Parce qu'en plus du violon, tu fais de la gym et du dessin ?! s'exclame Johanna.
– Alors c'est pour ça que tu ne viens presque jamais quand on t'invite, réalise Marie.
– Oui, je n'ai pas le temps, répond Kimiko tristement. Maman et papa préfèrent que je fasse des activités. Le mercredi après-midi, j'ai violon, et je finis par du dessin. Et le samedi, je fais de la gym, et j'ai aussi des compétitions parfois le week-end.
– Tu as un emploi du temps de ouf ! s'écrie Noémie. À ta place, je serais morte avant même de commencer mes journées. »

Kimiko semble tellement préoccupée que les filles décident de lui changer les idées. C'est Noémie qui s'en sort le mieux, elle a un don pour faire des grimaces incroyables. Après quelques tentatives, elle finit enfin par faire rire Kimiko.

De retour en classe, Madame Chabon remarque que Kimiko a les yeux rouges.
En voyant Johanna, Marie et Noémie aux petits soins avec elle, la directrice suppose qu'il s'est passé quelque chose. Un peu inquiète pour son élève, elle interroge discrètement Johanna à l'heure du déjeuner.
« Sais-tu ce qui arrive à Kimiko ?
Rien de grave, j'espère ? »
Johanna hésite à raconter.
« Je ne sais pas trop…, dit-elle.
– Je peux peut-être l'aider, si tu m'en dis plus. »

Mise en confiance, Johanna se lance.
Quand elle a fini son récit, Madame Chabon reprend :
« Je comprends mieux, Kimiko est stressée par toutes ses activités et l'approche de son examen.
– Que peut-on faire ? demande Johanna.
– Il faut continuer à la soutenir et à l'entourer comme vous l'avez fait naturellement ce matin.
De mon côté, je vais réfléchir à quelque chose. »

En fin de journée,
Madame Chabon annonce à ses élèves :
« Jeudi, nous parlerons des activités extrascolaires.
Vous allez préparer chacun un court texte
pour raconter les vôtres.
– Ça veut dire quoi, extrascolaire ?
demande discrètement Elias à Marie.
– C'est les activités que tu fais en dehors de l'école,
le mercredi, le week-end ou le soir, explique Marie.
– Dormir et manger, ça marche ? » plaisante Elias.

De son côté, Kanoa s'adresse à Jimmy :
« On est obligés d'avoir plein d'activités, tu crois ? »
Jimmy hausse les épaules et répond :
« Ben, je sais pas, je crois que tout le monde fait
des trucs, oui. »

Kanoa brûle d'envie de demander à Jimmy
quelles sont ses occupations, mais il a trop peur
que son ami lui retourne la question.

Jeudi
Activités
extrascolair

Le mercredi, Kanoa est ennuyé.
Après avoir mené une enquête discrète, il sait maintenant que, dans la classe, tout le monde a au moins une activité. Il a honte d'être le seul à ne rien faire. Alors, il se dit que le mieux est d'inventer des choses. Après tout, Madame Chabon ne saura pas qu'il ne dit pas la vérité.

Kanoa se lance dans la rédaction de son texte, mais comme il change d'idée toutes les cinq minutes, son bureau se couvre de feuilles froissées.
Enfin, il se décide et raconte qu'il fait du rugby et de l'escalade, comme deux de ses cousins.

Le jeudi matin, Madame Chabon demande à ses élèves de lire leur texte à voix haute. « Personne ne doit interrompre la lecture, précise-t-elle. Si vous avez des questions à poser ou des remarques à faire, gardez-les dans un coin de votre tête, j'ai prévu un temps de discussion quand on aura fini. »

Les lectures s'enchaînent.
Marie est la dernière à passer.
Elle raconte qu'elle a deux passions : la lecture et la photo. Pour illustrer son texte, elle montre à ses camarades quelques-unes de ses plus belles photos.

« Merci à tous, conclut la directrice, vous avez bien travaillé. C'est l'heure de la récréation, on reparlera de tout cela ensuite. »

Dans la cour, Malo vient voir Kanoa.
« Je ne savais pas que tu faisais du rugby, lui dit-il.
Pourquoi on ne s'est jamais croisés
dans les vestiaires ?
– C'est normal, se défend Kanoa,
tu fais du foot, pas du rugby.
– Ben oui, répond Malo, mais on partage bien
le même vestiaire, non ? »
Kanoa rougit et dit, peu sûr de lui :
« C'est peut-être parce que j'arrive souvent
en retard... Le vestiaire est vide,
tout le monde est déjà sur le terrain. »
Puis il prétexte quelque chose pour s'éloigner.

Malo n'est pas dupe,
il a compris que son copain ment,
mais il se demande bien pourquoi.

De leur côté, Nabila, Johanna,
Suzy et Marie papotent, assises sur un banc.
« Vous saviez que Maxence était
champion d'échecs ? demande Johanna.
– Il ne s'en est jamais vanté ! ajoute Marie.
– Et Lukas qui fait du cirque ! s'exclame Nabila.
Ça ne m'étonne pas, je l'ai vu jongler
avec des pommes à la cantine. »

Suzy rigole avant de réaliser :
« Si on n'avait pas écrit ces textes,
on ne saurait pas tout ça.
– Tu as raison, approuve Nabila.
Vous pensez que Timéo avait honte de nous dire
qu'il prend des cours de danse ?
– Non, répond Marie, je le sais depuis longtemps.
Il en parle souvent avec Basil, ils font même
des exercices d'équilibre ensemble.
Paraît que ça aide pour l'escalade,
d'avoir un bon équilibre. »

Les discussions se prolongent
durant toute la récréation.
De retour en classe, les CE2 sont prêts à débattre.
Avant de commencer, Madame Chabon précise :
« Vous devez vous écouter les uns les autres.
Même si vous avez très envie de prendre la parole,
vous attendez votre tour. Et je vous rappelle
que personne n'est là pour juger ou critiquer,
c'est un temps de discussion. Qui veut commencer ? »

Jimmy est le premier à prendre la parole.
« C'est dur de choisir une seule activité
quand on en aime plein ! soupire-t-il.
– Le mieux, c'est le sport, hein Noémie ! »
s'exclame Malo.
Lucie intervient à son tour :
« Kimiko a trop de chance. Moi, je rêverais de faire
toutes ces activités, mais mes parents ne veulent pas.
– Faut pas en faire trop, sinon après on est fatigué,
a dit ma mère ! répète Suzy.
– Moi, le mercredi, je fais jonglage,
mais le samedi j'ai activité rien », plaisante Lukas.

Les échanges se poursuivent encore un peu,
les CE2 ont plein de choses à dire sur le sujet.
En conclusion de la séance,
Madame Chabon déclare :
« Il n'y a pas de règle, ce n'est pas une course
à qui fera le plus d'activités. Et l'inactivité,
c'est bien aussi pour développer son imagination
et sa créativité.
– Ne plus bouger ! » plaisante Basil.

La directrice sourit puis explique :
« Je veux dire qu'il est important aussi de s'ennuyer,
d'avoir du temps pour ne rien faire.
– Ben moi, je n'ai aucune activité cette année,
et ça me plaît », affirme Elias sans honte.

Kanoa est rassuré de découvrir
que Elias est comme lui.
À la cantine, il s'arrange pour s'asseoir à côté
de Malo, et il s'empresse de lui raconter la vérité.
« Je m'en doutais, pourquoi tu as menti ?
lui demande Malo.
– J'avais trop honte d'avouer que je ne faisais rien !
Je n'ai jamais su choisir une activité,
répond Kanoa, penaud.
– Pff, t'es bête… À mon avis, il vaut mieux
ne rien faire que faire un truc qu'on n'aime pas,
le rassure Malo. Et j'y pense, tu veux venir essayer
le foot avec moi, samedi ? »

Malo semble tellement enthousiaste à cette idée,
que Kanoa accepte sa proposition.
Essayer ne l'engage à rien !

Le samedi matin, comme prévu,
Kanoa se rend au stade.
Malo est venu avec deux tenues
pour en prêter une à Kanoa,
trop content que son copain puisse jouer avec lui.

À la fin de l'entraînement, Kanoa n'en peut plus.
Il n'a pas l'habitude de courir autant.
Malo réalise que son ami ne partage pas sa passion.
« Tu ne vas pas t'inscrire hein, dis la vérité ? »
demande Malo en le chahutant.
Kanoa rit.
« Non, en effet. Le foot, ce n'est pas pour moi !
Mais je viendrai voir un match ! » promet-il.

En attendant que les parents de Malo viennent les chercher, les deux copains discutent.
« Tu as foot le mercredi aussi ? demande Kanoa.
– Non, je vais au centre aéré, répond Malo.
Mais j'aimerais avoir foot tous les jours !
Et toi, tu fais quoi ?
– Moi, je vais chez mes grands-parents.
– Tu en as de la chance ! Moi, je ne les vois que pendant les vacances, ils vivent en Espagne ! » s'exclame Malo.

À ce moment-là, Noémie les rejoint.
L'entraînement de l'équipe de foot féminine va commencer.
« Tu laisses tomber le rugby pour le foot ? s'étonne-t-elle en apercevant Kanoa.
– Euh non, j'ai juste essayé.
– Il ne fait pas de rugby ! rigole Malo.
– Ah bon ! » répond Noémie en s'éloignant sans chercher à comprendre davantage.

Pendant ce temps, chez Kimiko,
toute la famille s'est installée sur le canapé.
« Ta maîtresse nous a appelés hier,
elle s'inquiète pour toi, explique le papa.
Elle te trouve stressée et fatiguée,
tu en penses quoi ? »

Kimiko hésite à répondre,
mais les discussions qu'ils ont eues en classe
cette semaine l'ont fait réfléchir. Elle se lance :
« C'est vrai, je crois que j'ai trop d'activités.
Je me suis rendu compte que, dans ma classe,
personne n'en a autant. Parfois, j'aimerais
rester tranquillement à la maison sans rien faire,
ou voir des amis. Et aussi avoir plus de temps
pour m'entraîner au violon, je suis stressée
pour mon audition. »

Kimiko s'arrête de parler. Un peu inquiète,
elle attend la réaction de ses parents.
Aussitôt, ils l'enlacent pour la rassurer.

Le lundi matin,
Kimiko arrive à l'école toute souriante.
Elle se confie à ses copines.
« Samedi, on a eu une discussion avec mes parents.
Ils ont réalisé qu'ils m'avaient poussée à faire du dessin et de la gymnastique parce que cela leur plaisait, à eux. Jeune, mon père rêvait d'être peintre et ma mère de devenir gymnaste.
Et moi, je n'avais pas envie de les décevoir.
– Et alors, qu'est-ce que tu vas faire ? » demandent Marie, Johanna et Noémie d'une seule voix.

Kimiko les regarde en souriant encore plus avant de répondre :
« J'arrête tout, sauf le violon.
Comme ça, j'aurai plus de temps pour travailler mon instrument et m'entraîner pour les auditions.
La maîtresse a même proposé que je joue devant la classe, pour me préparer.
– Et tu as dit oui ?
– Oui, même si j'ai un peu peur !
– Génial ! » s'écrient les filles en sautant de joie.

Le lendemain, en fin de journée,
Kimiko répète son morceau de violon
devant ses camarades.
Les élèves ne font plus un seul bruit.
C'est à peine s'ils respirent.
Ils sont comme hypnotisés par la performance
musicale de Kimiko.

À la fin, ils lui parlent presque timidement,
tellement ils ont été impressionnés.
« Wahou, je ne savais pas que c'était si beau,
le violon ! lui dit Anaé.
– Tu joues hyper bien », la félicite Lukas.

Kanoa est subjugué, il réalise tout à coup
que ça lui plairait, de jouer de la musique.
Il va en parler à ses parents dès ce soir !

Pendant que Kimiko range son violon dans son étui, Madame Chabon vient la voir.

« C'était un bel entraînement pour ton examen. Tu as vu la réaction de tes camarades, tu dois être rassurée.

– Oui, je suis très contente. Merci, vous avez eu une super idée. Quand je me suis mise à jouer, j'ai même oublié que tout le monde me regardait. Je me sens prête. Et je réalise que j'aime bien jouer devant les autres. Demain, je vais imaginer que tous les élèves de la classe sont devant moi et que je joue pour eux. Je suis sûre que ça va m'aider ! »

Le mercredi après-midi, lorsqu'elle quitte
le conservatoire après son examen de violon,
Kimiko a le sourire aux lèvres.
En arrivant chez elle, une surprise l'attend :
Marie, Johanna, Suzy, Nabila et Noémie sont là.
« Qu'est-ce que vous faites ici ? s'étonne Kimiko,
qui ne s'attendait pas à un tel accueil.
– Ben, demande à ta mère ! lui répond Nabila
avec un clin d'œil.
– Comme tes amies ne pouvaient pas assister
à ton audition, je les ai invitées pour le goûter. »

La jeune musicienne est très émue.
Elle regarde ses amies et ses parents
avec les yeux qui brillent.
« Oh, c'est trop gentil ! remercie-t-elle.
– Alors, tu as réussi ? demande Suzy.
– Mais oui, elle l'a eu son exam, regarde sa tête !
dit Noémie. On dirait moi quand je marque un but ! »
Et toutes les filles applaudissent
en encerclant Kimiko chaleureusement.

Je joue pour bien comprendre

Vrai ou faux ? Trouve les phrases
qui correspondent à l'histoire
et **modifie** celles qui sont fausses.

1. Johanna a bousculé Kimiko en jouant au ballon.

2. Kimiko a peur de rater son examen de violon.

3. Kimiko fait du dessin, de la danse et du violon.

4. Madame Chabon demande aux CE2 d'écrire un court texte pour raconter leur week-end.

5. Marie est la première à lire son texte.

6. Lukas pratique le cirque le mercredi.

7. Lucie rêve de faire autant d'activités que Kimiko.

8. Kanoa va essayer l~~e rugby~~ avec Malo.
le foot

9. Madame Chabon explique qu'il est important de s'ennuyer.

10. Les parents de Kimiko ont invité ses copines ~~à assister à l'audit~~ion.
pour le goûter

Réponses : 1.faux : Johanna = Noémie ; 2.vrai ; 3.faux : de la danse = de la gym ; 4.faux : leur week-end = leurs activités extrascolaires ; 5.faux : la première = la dernière ; 6.vrai ; 7.vrai ; 8.faux : le rugby = le foot ; 9.vrai ; 10.faux : à assister à l'audition = pour le goûter.

Je joue et je m'interroge sur les activités

1 Et toi, imagine…

Est-ce que tu pratiques des activités extrascolaires ? Lesquelles ? Comment les as-tu choisies ? Est-ce que tu penses que tu en fais trop, ou pas assez ? Est-ce qu'il y a des activités que tu rêverais d'essayer ?

Quand tu n'as pas d'activités, préfères-tu t'occuper seul(e), en famille, avec des amis(es) ? Est-ce que tu t'ennuies parfois ?

2 D'après toi, quels sont **les principaux bienfaits** de chacune de ces activités ?

c danse | d dessin | a rugby

e musique | b théâtre | f natation

a. se défouler et développer un esprit d'équipe

b. apprendre à s'exprimer et prendre confiance en soi

c. s'exprimer avec son corps et développer son sens de l'équilibre

d. maîtriser ses gestes et développer sa créativité

e. développer sa concentration et son sens de l'écoute

f. développer ses muscles et sa respiration

Et toi, que recherches-tu en priorité quand tu fais une activité ?

Réponses : a. rugby ; b. théâtre ; c. danse ; d. dessin ; e. musique ; f. natation.

Je suis en CE2

Retrouve Basil, Marie et tous leurs copains du CE2 dans les autres histoires de **Je suis en CE2**.

Les nouveaux copains

Les délégués de classe

Une semaine au château

Ensemble, on est plus forts !

L'arbre à familles

Amour ou amitié ?

Le nouveau look de Suzy

Le match de foot

Une journée au vert

La visite médicale

Un mercredi bien occupé

Quelles histoires as-tu déjà lues ?
Quelle est ta préférée ?
Lesquelles aimerais-tu lire ?

Découvre aussi

Les maths du CE2
3 titres parus

100 jeux pour
les vacances

Je suis en CM
6 titres parus

Si tu veux contacter l'auteure,
tu peux aller sur son blog :
www.magdalena-auteur.com